BEI GRIN MACHT SICH IHR WISSEN BEZAHLT

Gesundheitsförderung und -beratung

Schwierige Situationen in Beratungsverläufen, Kohärenzgefühl nach Antonovsky und der systemische Beratungsansatz, Kommunikations- und Interaktionsstil nach Schulz von Thun

Madeleine Hartleff

GRIN

Bibliografische Information der Deutschen Nationalbibliothek:

Die Deutsche Nationalbibliothek verzeichnet diese Publikation in der Deutschen Nationalbibliografie; detaillierte bibliografische Daten sind im Internet über http://dnb.d-nb.de abrufbar.

ISBN: 9783346520036
Dieses Buch ist auch als E-Book erhältlich.

© GRIN Publishing GmbH
Nymphenburger Straße 86
80636 München

Druck und Bindung: Books on Demand GmbH, Norderstedt Germany
Gedruckt auf säurefreiem Papier aus verantwortungsvollen Quellen

Das Buch bei GRIN: https://www.grin.com/document/1142548

Einsendeaufgabe

Aufgabe: A

im Studiengang Psychologie (B. Sc.)

im Fach Klinische Psychologie II (Gesundheitsförderung und -beratung)

an der

SRH Fernhochschule – The Mobile University, Riedlingen

Verfasserin: **Madeleine Hartleff**

Inhaltsverzeichnis

Gender Erklärung

Zur besseren Lesbarkeit werden auf dieser Website personenbezogene Bezeichnungen, die sich zugleich auf Frauen und Männer beziehen, generell nur in der im Deutschen üblichen männlichen Form angeführt, also z.b. "Teilnehmer" statt "TeilnehmerInnen" oder "Teilnehmerinnen und Teilnehmer".

Dies soll jedoch keinesfalls eine Geschlechterdiskriminierung oder eine Verletzung des Gleichheitsgrundsatzes zum Ausdruck bringen.

Abkürzungsverzeichnis

SOC   Kohärenzgefühl, sence of coherence
WHO   Weltgesundheitsorganisation, World Health Organization

Abbildungsverzeichnis

Tabellenverzeichnis

1 Aufgabe A1

Eine psychosoziale Beratung besteht im Regelfall aus zwei Parteien: dem Berater und aus Ratsuchenden (Einzelpersonen, Paare, Familien oder Gruppen) (Schubert, Rohr & Zwicker-Pelzer, 2019, S. 24). Ein Beratungsprozess verläuft entsprechend Culley (2002), in drei unterschiedlichen Abschnitt ab, die aufeinander aufbauen und gleichzeitig miteinander verzahnt sind. Bei den Phasen handelt es sich um die Anfangs-, Mittel- und Endphase. Jede Phase hat ihre eigenen Herausforderungen und Ziele (Culley, 2002; zitiert nach Schubert et al., 2019, S. 156). Was jedoch in allen Phasen gleich ist, ist, dass der Beratende in schwierige Situationen mit einem Klienten kommen kann und hierfür bestimmte Grundregeln beachten sollte. Im Rahmen eines Beratungssettings müssen außerdem die Klientencompliance und -adhärenz berücksichtigt werden. Was unter Compliance und Adhärenz zu verstehen ist, wird im Nachfolgenden erläutert. Weiterhin wird darauf eingegangen, welche Bedeutung die Compliance und Adhärenz von Klienten, insbesondere in schwierigen Beratungssituationen, einnehmen.

1.1 Definition von Compliance

Der Begriff Compliance kann aus dem Englischen mit „Befolgung, Einhaltung oder Zustimmung" übersetzt werden (Mühlig, 2018, S. 350). Diese Übersetzungen passen grob mit der Definition des Psychrembel zusammen, in dem Compliance als ein „Akzeptanzverhalten des Patienten oder eines Ratsuchenden gegenüber medizinischen oder psychotherapeutischen Maßnahmen; im engeren Sinn die korrekte Einnahme verordneter Medikamente, das Befolgen einer Ernährungsumstellung oder die Veränderung des Lebensstils" (Bruchhausen & Psychrembel Redaktion, 2018) definiert wird.

Das Konzept der Compliance ist eher als eine autoritär-hierarchische Beziehung zwischen dem Behandelnden und den Klienten zu betrachten und wird mit Informations- und Kompetenzdefiziten aufseiten des Klient assoziiert (Mühlig, 2018, S. 350; Schäfer, 2017, S. 14). Entsprechend Mühlig (2018) und Petermann (1998) wird der Compliance-Begriff heute als überholt dargestellt und deutlich kritisiert. Die Definition zeigt ein falsches Rollenverständnis, nach dem der Beratende, der Expert ist und der Ratsuchende dem Gesagten folgen muss. Es wird somit die Klientenautonomie und -selbstbestimmung komplett untergraben. Dies bedeutet außerdem, dass es kein Mitspracherecht durch den Klienten gibt. Diese Faktoren sind nicht förderliche für die Mitarbeit und Motivation des

Ratsuchenden, insbesondere wenn ein langfristiges Engagement notwendig ist (Mühlig, 2018, S. 350; Petermann, 1998, S. 9).

Auch wenn der Compliance-Begriff als überholt gilt, wird er noch verwendet und teilweise in der Praxis gelebt. Entsprechend des AOK Bundesverbandes gibt es verschiedene Bedingungen, die die Compliance positiv oder negativ beeinflussen können. Hierunter fallen unter anderem der Grund für das Beratungsgesuche (Art und Schweregrad sowie Dauer und Leidensdruck), der Beratungsprozess (einfacher oder komplexer Beratungsprozess), die Qualität, Dauer und Frequenz der Berater-Klienten-Beziehung sowie verschiedene sozialpsychologische Faktoren wie z. B. der persönliche Glaube des Ratsuchenden an den Beratungsprozess (AOK Bundesverband, o. J.). Hierzu beschreibt Sonnenmoser (2005) ergänzend weitere Gründe für eine Non-Compliance bei Ratsuchenden. Diese können unter anderem in Ängsten, Vorbehalten und Zweifeln liegen. Weiterhin argumentiert Sonnenmoser, dass Ratsuchende meist einen geringen Leidensdruck haben und deswegen den Anweisungen des Beratenden nicht folgen würden. Als weiteren Grund für eine Non-Compliance gibt Sonnenmoser an, dass der Behandlungsplan zu schwierig ist und nicht in den Alltag des Klientels eingebunden werden kann (Sonnenmoser, 2005, S. A704).

1.2 Definition von Adhärenz

Um eine freiwillige und eigenverantwortliche Arbeit des Klientel und dadurch eine Beziehung auf Augenhöhe zwischen dem Beratenden und dem Ratsuchenden zu schaffen, wurde von der Weltgesundheitsorganisation (WHO) der Begriff der Adhärenz geprägt. Entsprechend der World Health Organization [WHO] (2003) wird unter Adhärenz verstanden, „inwieweit das Verhalten einer Person – die Einnahme von Medikamenten, die Einhaltung einer Diät und/oder die Durchführung einer Änderung des Lebensstils – den vereinbarten Empfehlungen eines Gesundheitsdienstleisters entspricht" (WHO, 2003, S. 3). Bei dieser Definition wurde besonders Wert darauf gelegt, dass die beiden Begriffe Compliance und Adhärenz voneinander abgegrenzt werden. Entsprechend der WHO (2003) besteht der Unterschied darin, dass Adhärenz die Zustimmung des Patienten zu den Empfehlungen erfordert. Dadurch ergibt sich, dass der Klient als aktiver Partner in seiner eigenen (Gesundheits-)Versorgung angesehen wird. Ein weiterer Unterschied ist, dass ein gleichberechtigtes Verhältnis zwischen den Ratsuchenden und dem medizinischen Fachperson bestehen muss, um effektiv arbeiten zu können (WHO, 2003, S. 4). Für eine gleichberechtigte Partnerschaft ist es jedoch unabdingbar, dass Sachverhalte an den Klienten in einer ihm gerechten Sprache weitergegeben werden und auf diesen Informationen basierend eine gemeinsame Entscheidung getroffen wird (De las Cuevas, 2011, S. 75). Zusätzlich , hat die WHO (2003) fünf Dimensionen definiert, die die Adhärenz beeinflussen und deswegen beachtet werden müssen: (1) das Gesundheitssystem sowie (2) soziale und wirtschaftliche, (3) zustands-, (4) therapie- und (5) patientenbezogene Faktoren (WHO, 2003, S. XI).

1.3 Schwierige Situationen in Beratungsverläufen

Eingangs wurde bereits kurz erläutert, dass der Beratungsprozess sich entsprechend Culley (2002) in drei Etappen gliedert, die alle ihre eigenen Ziele und Herausforderungen mitbringen. Die Anfangsphase einer jeden Beratung hat das Ziel, eine belastbare Beziehung zwischen dem Beratenden und dem Klienten zu etablieren. Hierdurch wird der Klient motiviert, an den eigenen Problemen zu arbeiten und die Klientencompliance wird gestärkt. Weiterhin wird in der Anfangsphase eingegrenzt, wo der Schwerpunkt der Zusammenarbeit liegen soll und darauf aufbauend, erste Entscheidungen getroffen, die in einen gemeinsam formulierten Arbeitsvertrag münden. Das gemeinsame Formulieren des Arbeitsvertrages ist für die Klientenadhärenz sehr wichtig, weil so sichergestellt werden kann, dass der Ratsuchende mit den zukünftigen Maßnahmen einverstanden ist. Des Weiteren resultiert daraus eine gemeinsame Verantwortung für den Beratungsauftrag und es wird nicht der Beratende als einseitige Expertenleistung verstanden. In der darauffolgenden Mittelphase ist das Hauptziel zur Aufrechterhaltung der Adhärenz die Arbeitsbeziehung weiter zu stärken. In dieser Phase ist es jedoch ebenso wichtig, dem Klienten andere Sichtweisen aufzuzeigen. Durch eine Konfrontation können neue Wege eingeschlagen werden und Feedback kann dabei helfen, dass der oder die Ratsuchende weiterhin motiviert bleibt. Die in dieser Phase erarbeiten Strategien werden im Anschluss in der Endphase gefestigt und in das Leben des Klienten eingefügt. Außerdem ist es in dieser Phase wichtig, dass eine Abnabelung des Klienten vom Berater und umgekehrt stattfindet (Culley, 2002; zitiert nach Schubert et al., 2019, S. 156–160).

In den drei beschriebenen Phasen können unterschiedliche Schwierigkeiten in der Beratung auftreten, die die Klienten-Berater-Beziehung stören können und somit einen Einfluss auf die Klientencompliance und -adhärenz haben. Grundsätzlich sind nach Noyon und Heidenreich (2020) schwierige Situationen deshalb schwer, weil sie für die behandelnde Person eine starke Herausforderung darstellen und diese an ihre eigenen Grenzen bringt. Nicht immer gibt es eine hilfreiche Lösung und einen Erfolg. Der Grund hierfür liegt darin, dass der Behandelnde nur zu 50 % einen Einfluss auf die Beratung hat (Noyon & Heidenreich, 2020, S. 9–10). Im Nachfolgenden werden einige schwierige Situationen aus Therapie und Beratung dargestellt und erläutert, welche Bedeutung diese für die Compliance und Adhärenz des Ratsuchenden haben.

Gleich zu Beginn einer Beratung kann es zu Bedenken des Klienten gegenüber dem Berater kommen. Entsprechend Noyon und Heidenreich (2020) gibt es von Klienten hauptsächlich Zweifel am Beratenden, wenn dieser noch recht jung ist oder wenig Berufserfahrung vorweisen kann. Für die Compliance und Adhärenz des Ratsuchenden ist es besonders wichtig, dass diese Person sich bei dem Beratenden wohl und gut aufgehoben fühlt. Deshalb ist es wichtig, dass diese Zweifel am Beratenden offen angesprochen und besprochen werden. Für die beratende Person empfiehlt sich, offen mit dem eigenen Alter und der bisherigen Berufserfahrung und dem Ausbildungsstand umzugehen, insbesondere wenn die beratende Person noch in der Aus- oder Weiterbildungsphase ist. Falls in diesem Gespräch persönliche Defizite auf Seiten des Beratenden aufgedeckt werden, sollte der Beratende diese schnellstmöglich durch ein gründliches Studium, Literatursichtung oder Supervision beheben und dies gegenüber dem Klientel erörtern. Für den Beratenden empfiehlt es sich auf die Zweifel mit einer ruhigen und gelassenen Art zu reagieren, da dies vertrauensbildend wirkt und entsprechend einen positiven Einfluss auf die Adhärenz hat. Weiterhin wird empfohlen, dass der Beratende alle Fragen und Unklarheiten des Klienten souverän und informierend beantwortet. Am Ende kann der Ratsuchende entscheiden, ob die Zweifel ausgeräumt wurden und eine Behandlung in Erwägung gezogen wird oder nicht (Noyon & Heidenreich, 2020, S. 236–242).

Ebenfalls kann entsprechend Noyon und Heidenreich (2020) zu Beginn einer Beratung auffallen, dass der Ratsuchende wenig Eigenverantwortung zeigt und die Schuld für das eigene Verhalten in anderen Personen sucht. Hierbei besteht dann im Regelfall eine hohe Compliance, da der Ratsuchende den Beratenden als Experten ansieht und gewillt ist, dessen Lösung anzunehmen. Die Aufgabe des Beratenden ist es jedoch nur eine Hilfestellung bei der Erarbeitung der Lösung anzubieten, die der Ratsuchende anschließend selbst in das eigene Leben integrieren muss. Um diesen Prozess zu gestalten, ist eine Stärkung der Klientenadhärenz notwendig. Hierfür muss dem Klienten verdeutlich werden, dass er persönliche Verantwortung für den Veränderungsprozess übernehmen muss.

Anschließend müssen gemeinsam Ziele erarbeitet werden, die für den Klienten erreichbar sind und wo die Person selbst dran glaubt. Durch eine Erhöhung der Adhärenz wird dem Ratsuchenden immer mehr bewusst, dass er selbst der Experte für das eigene Werte- und Normensystem ist. Zusammenfassend lässt sich sagen, dass es bei dieser Problemstellung wichtig ist, dem Klienten zu erläutern, wie eine Beratung funktioniert. Dabei sollte nichts beschönigt werden, aber trotzdem sollte ein Verständnis für das Problem des Klienten aufgebracht werden. Anschließend kann aktiv nach Handlungsspielräumen für den Klienten gesucht werden und die Person so zu einer aktiven Mitarbeit motiviert werden (Noyon & Heidenreich, 2020, S. 210–215).

Im Laufe des Beratungsprozesses kann es immer wieder vorkommen, dass Klienten ihre Termine sehr kurzfristig oder gar nicht absagen. Noyon und Heidenreich (2020) empfehlen direkt zu Beginn einer Beratung den Behandlungsvertrag mit dem Klienten zu besprechen. Ein besonderes Augenmerk sollte hierbei auf das Ausfallhonorar gelegt werden. Falls es dann zu einem nicht Erscheinen oder einer kurzfristigen Terminabsage kommt, wird weiterhin von Noyon und Heidenreich (2020) empfohlen, in der darauffolgenden Stunde mit dem Klienten über diese Situation und das Ausfallhonorar zu sprechen. Zum einen kann so der Grund für die Absage oder das Nicht-Erscheinen herausgefunden werden und zum anderen kann die Einstellung des Ratsuchenden zur Beratung erörtert werden. Dieses Gespräch gibt einen Aufschluss über die Klientencompliance und -adhärenz. Wenn die Gründe bereits in einer geringen Adhärenz liegen, kann das Ansprechen des Verhaltens und das Einfordern des Ausfallhonorars zu einer noch schlechteren Klienten-Berater-Beziehung führen. An dieser Stelle ist es jedoch wichtig, dass der oder die Beratende sich auf keine Diskussionen einlässt und zeigt, dass bei gegensätzlicher Meinung die eigene Meinung bestand haben darf. Dieses Verhalten des Beratenden ist für den Klienten eine Vorbildfunktion und kann im Anschluss die Adhärenz wieder stärken (Noyon & Heidenreich, 2020, S. 65–71).

Anhand der drei vorgestellten schwierigen Situationen in der Beratung wurde bereits deutlich, dass schwierige Situationen und deren Lösung einen positiven Effekt auf die Klientencompliance und -adhärenz haben. Da jedoch nicht jede schwierige Situation gleich ist und vom Klienten, dessen Alter, soziodemografischen Daten und Beratungsanliegen abhängen, haben Noyon und Heidenreich (2020) Grundregeln entwickelt, die in schwierigen Situationen berücksichtigt werden sollten. Da schwierige Situationen nie vollständig vermieden werden können, empfiehlt es sich vorzubeugen. Verbeugen geht unter anderem in dem der Beratende bei den Sitzungen konzentriert ist und auf den Klienten eingeht. Hierunter fällt unter anderem, dass zu Beginn mit dem Klienten eine Ziel- und Werterklärung bzw. ein Arbeitsvertrag geschaffen wird. Weiterhin wird empfohlen, in schwierigen Situationen Ruhe zu bewahren. Wenn der Beratende in schwierigen Situationen Ruhe bewahrt, zeigt dies Sicherheit im eigenen Handeln und stärkt in den meisten Fällen die Klienten-Berater-Beziehung und dementsprechend die Adhärenz. Bei schwierigen Situationen ist außerdem immer zu beachten, dass es um einen bestimmten Menschen geht. Nur weil in einer ähnlichen Situation eine Methode gut gewirkt hat, muss dies bei dem aktuellen Fall nicht ebenso geschehen. Es muss das Individuum betrachtet werden und auf dieses speziell eingegangen werden. Wenn gehäuft schwierige Situationen in der Beratung erlebt werden, ist es zu empfehlen, den eigenen Blick zu erweitern und sich selbst und die Situationen zu reflektieren. Hierfür kann eine Supervision oder Intervision geeignet sein. Zum Blick erweitern gehört jedoch auch, zu schauen, wie es einem selbst aktuell geht und einen wohlwollenden Umgang mit sich selbst zu pflegen (Noyon & Heidenreich, 2020, S. 10–13).

Ergänzend zu den Ausführungen von Noyon und Heidenreich (2020) hat Engel (2020) drei Aspekte erläutert, die die Grundhaltung und -regeln in Beratungssettings nochmals verdeutlichen. Zum einen ist da die Akzeptanz. Akzeptanz für Schwierigkeiten kann in einer emotionalen Wärme und Verständnis für die Problemsituation an den Ratsuchenden herangetragen werden. Die Grundvoraussetzung hierfür ist jedoch das kognitive Erfassen des Problems. Der zweite Aspekt ist Empathie. Empathie erfordert die eigene, evtl. gegensätzliche Meinung gegenüber dem Ratsuchenden auszublenden und sich in das Gegenüber hineinzuversetzen. Als letzter Aspekt wird die Echtheit genannt. Unter Echtheit versteht Engel, dass die eigenen Gefühle und Einstellungen gegenüber der Problemsituation verbal und nonverbal ausgedrückt werden können und mit den Aussagen des Klientel übereinstimmen (S. 100–102).

2 Aufgabe A2

Antonovsky (1979) ging bereits bei seiner ersten Veröffentlichung zum Thema Kohärenzgefühl (engl. sense of coherence, SOC) davon aus, dass es nicht nur ein persönliches
SOC gibt, sondern ebenso eins, dass auf der Familienebene besteht. Hierbei betonte
Antonovsky bereits in Anlehnung an den systemischen Ansatz, dass z. B. der Tod eines
Elternteils oder die Behinderung eines Kindes das SOC der sozialen Gruppe Familie
schwächen kann (zitiert nach Retzlaff, 2014, S. 121). Auf den nachfolgenden Seiten wird
beschrieben, was unter dem SOC von Antonovsky verstanden wird. Anschließend wird
der systemische Beratungsansatz erläutert. Abschließend wird auf Methoden eingegangen, mit denen sich die Komponenten des SOC bearbeiten lassen und es werden systemische Beratungstechniken vorgestellt, die zur Beeinflussung der drei Komponenten der
Kohärenz dienen können.

2.1 Kohärenzgefühl nach Antonovsky

Das SOC wurde aus einer qualitativen Studie, in der 51 Holocaust-Überlebende inter-
viewt wurden, entwickelt (Antonovsky, 1997, S. 34). Entsprechend Antonovsky (1997)
ist Kohärenz „eine globale Orientierung, die ausdrückt, in welchem Ausmaß man ein
durchdringendes, andauerndes und dennoch dynamisches Gefühl des Vertrauens hat
[…]" (S. 36). Hierein spielen drei Faktoren, die unterschiedlich ausgeprägt sein können
(Antonovsky, 1997, S. 34): (1) die Verstehbarkeit, (2) die Handhabbarkeit und (3) die
Bedeutsamkeit.

Nach Antonovsky (1997) kann die Verstehbarkeit als „das Ausmaß, in welchem man interne und externe Stimuli als kognitiv sinnhaft wahrnimmt, als geordnete, konsistente,
strukturierte und klare Information und nicht als Rauschen – chaotisch, ungeordnet, will-
kürlich, zufällig und unerklärlich" (S. 34) definiert werden. Damit ist gemeint, dass eine
Person mit einem hohen Ausmaß an Verstehbarkeit zukünftigen Ereignissen nicht unvor-
bereitet entgegentritt und falls dies doch der Fall sein sollte, die Ereignisse entsprechend
eingeordnet und erklärt werden können (Antonovsky, 1997, S. 34).

Unter dem Begriff der Handhabbarkeit wird von Antonovsky (1997) „das Ausmaß in dem
man wahrnimmt, daß [sic] man geeignete Ressourcen zur Verfügung hat, um den Anforderungen zu begegnen, die von den Stimuli, mit denen man konfrontiert wird, ausgehen"
(S. 35) verstanden. Bei einem hohen Ausmaß an Handhabbarkeit spricht Antonovsky

(1997) davon, dass die Person über interne (physische und psychische Merkmale) und externe (Familie, Arbeitsstelle, Freundeskreis) Ressourcen verfügt, die sie bei einem negativen Ereignis nicht die ganze Welt infrage stellen lässt. Die Person wird das Ereignis eher verstehen als eine Situation, die in einem Leben passieren kann (Antonovsky, 1997, S. 35).

Die Bedeutsamkeit und die Handhabbarkeit allein sind jedoch noch nicht ausreichend, um ein hohes Kohärenzgefühl zu entwickeln. Hierfür bedarf es zusätzlich der motivationalen Komponente der Bedeutsamkeit (Antonovsky, 1997, S. 38). Entsprechend der Definition von Antonovsky (1997) ist die Bedeutsamkeit „das Ausmaß, in dem man das Leben emotional als sinnvoll empfindet: daß [sic] wenigstens einige der vom Leben gestellten Probleme und Anforderungen es wert sind, daß [sic] man Energie in sie investiert, daß [sic] man sich für die einsetzt und sich ihnen verpflichtet, daß [sic] sie eher willkommene Herausforderungen sind als Lasten, die man gerne los wäre" (S. 35-36). Entsprechend der Meinung von Antonovsky (1997) nimmt eine Person mit einem hohen Ausmaß an Bedeutsamkeit negative Ereignisse eher als Herausforderung an und erledigt diese mit Anstrengung und Engagement (S. 36).

Abschließend lässt sich festhalten, dass ein hohes Ausmaß an Kohärenz nur existieren kann, wenn eine Person eine bestimmte motivationale Grundhaltung mitbringt. Ohne die Bedeutsamkeit kann keine Verstehbarkeit und Handhabbarkeit existieren bzw. nicht lange aufrecht erhalten bleiben. Am zweitwichtigsten ist die Verstehbarkeit, da ohne diese kein Verständnis für bestimmte Situationen und Ereignisse aufgebracht werden kann und entsprechend kein Umgang mit diesen gefunden werden kann, was die Handhabbarkeit impliziert. Zusammenfassend heißt dies, dass alle drei Komponenten eng miteinander verwoben sind und sich gegenseitig bedingen (Antonovsky, 1997, S. 38).

2.2 Der systemische Beratungsansatz

Der systemische Ansatz ist ab Mitte des 20sten Jahrhunderts unter dem Begriff der Familientherapie bekannt geworden und wird heute breit gefächert angewendet (von Schlippe & Schweitzer, 2019, S. 7). Schwing und Fryszer (2018) verstehen unter dem systemischen Arbeiten „eine Handlungsperspektive, die Orientierung für Hypothesenbildung und Interventionsplanung gibt" (S. 19). Dabei ist es wichtig, dass nicht einzelne Personen oder Beziehungen betrachtet werden, sondern auch deren Umwelten, die sie

11

beeinflussen (Ellebracht, Lenz, Geiseler & Osterhold, 2018, S. 2). Es wird demnach das ganze System betrachtet und wie ein Individuum dieses subjektiv wahrnimmt und erlebt (Schubert et al., 2019, S. 90). Ein System kann demnach auch als ein Zusammenschluss von verschieden Menschen verstanden werden, die in einer Wechselwirkung zueinander-stehen bzw. sich gegenseitig mit ihrem Handeln beeinflussen (Bergius, 2018, S. 1663; Dörner, 2018, S. 1663).

Wenn der systemische Beratungsansatz beschrieben werden soll, gibt es trotz vieler ver-schiedener Richtungen einige Grundprinzipien, die genannt werden können (Schwing & Fryszer, 2016, S. 11). Wichtig ist beim systemischen Ansatz, dass immer das soziale Um-feld mit einbezogen wird (Schwing & Fryszer, 2016, S. 11). Hierbei ist zu beachten, dass ein soziales System zu unterschiedlichen Zeitpunkten unterschiedlich miteinander kom-muniziert, da Veränderungsprozesse durchlaufen werden (von Schlippe & Schweitzer, 2019, S. 8). Das Ziel ist, dass die Probleme in Zukunft gemeinsam gelöst werden können (Schwing & Fryszer, 2016, S. 11).

Das Problem bzw. Symptom ist ein weiterer wichtiger Aspekt in der systemischen Arbeit (von Schlippe & Schweitzer, 2019, S. 7). Das Problem wird in der systemischen Sicht-weise nicht als ein Makel betrachtet, sondern als ein erfolgloser Lösungsversuch für eine unangenehme Situation, an der mehrere miteinander kommunizierende Individuen betei-ligt sind (von Schlippe & Schweitzer, 2019, S. 7; Schwing & Fryszer, 2016, S. 11).

Als weiteres Grundprinzip der systemischen Arbeit nennen Schwing und Fryszer (2016) Ressourcen und Stärken in den Mittelpunkt der Arbeit mit den Klienten zu stellen. Dies ist aus ihrer Sicht essenziell, weil die meisten Menschen dazu neigen aufzuzeigen, was schlecht läuft und weniger nach Lösungen zu suchen. Lösungen suchen ist der vierte wichtige Aspekt im systemischen Behandlungsansatz (Schwing & Fryszer, 2016, S. 11–12). Die gefundenen Stärken und Ressourcen des Systems werden genutzt, um mit Krea-tivität nach verschiedenen Lösungsvorschlägen Ausschau zu halten (von Schlippe & Schweitzer, 2019, S. 8). Wichtige ist hierbei, dass die Klienten ihre eigenen Kräfte für die Lösungsfindung einsetzen (Schwing & Fryszer, 2016, S. 12). Außerdem erwähnen von Schlippe und Schweitzer (2019), dass in allen Lösungsansätzen nach wertschätzen-den Beschreibungen zu suchen ist, damit die Lösung nicht nur für das Individuum funk-tioniert, sondern für das ganze System (S. 9).

Abschließend lässt sich festhalten, dass der systemische Beratungsansatz zum Ziel hat, Menschen beratend zu unterstützen und nicht in der Bewältigung von Krankheiten zu unterstützen (Schwing & Fryszer, 2016, S. 12).

2.3 Zusammenführung des SOC mit dem systemischen Beratungsansatz

Im Folgenden stellt sich die Frage, wie die Methoden des systemischen Beratungsansatzes sich mit den drei Komponenten, aus denen sich das Kohärenzgefühl nach Antonovsky bildet, bearbeiten lassen. Der systemische Beratungsansatz hat ein großes Portfolio an Methoden, die entsprechend von Sydow, Beher, Retzlaff und Schweitzer (2007) in sieben Gruppen unterteilt werden können (S. 17): (1) strukturelle Methoden (z. B. Joining); (2) strategische Methoden (z. B. Umdeutungen); (3) symbolisch-metaphorische Methoden (z. B. Genogramme); (4) zirkuläre Methoden (z. B. Hypothesenbilden); (5) lösungsorientierte Methoden (z. B. Skalierungsfragen); (6) narrative Methoden (z. B. Fragen nach dominanten und unterdrückten (Familien-)Narrationen und deren Dekonstruktion) und (7) dialogische Methoden (z. B. Reflecting). Im nachfolgenden werden einige Methoden erläutert und beschrieben, wie diese einen positiven Effekt auf die drei Komponenten des SOC haben können.

Entsprechend von Sydow und Kollegium (2007) empfiehlt sich zu Beginn einer jeden systemischen Beratung mit der Methode des Joining zu beginnen. Diese Technik dient dem Aufbau und der Stärkung zwischen dem/den Klienten und dem Beratenden. Hierbei versucht der Beratende aktiv eine positive Beziehung zu dem/den Ratsuchenden aufzubauen (von Sydow et al., 2007, S. 22). Das Joining beeinflusst die Bedeutsamkeit bereits zu Beginn der Beratung. Die Personen bekommen vom Beratenden bereits zu Beginn vermittelt, dass Probleme und Anforderungen, die das Leben an einen stellt, es wert sind, Energie in sie zu investieren (Antonovsky, 1997, S. 35–36). Wie bereits weiter oben beschrieben, ist die Bedeutsamkeit die motivationale Komponente des SOC und ist somit immer als ersten in einer Beratung anzusprechen.

Im weiteren Verlauf der Beratung ist es wichtig, dass die Ratsuchenden lernen, äußere Faktoren und innere Erfahrungszustände als strukturiert, vorhersehbar und erklärbar anzusehen (Antonovsky, 1997, S. 34). Hierfür gibt es ebenfalls verschiedene strukturelle und strategische Methoden im systemischen Beratungsansatz, die angewendet werden können. Von Schlippe und Schweitzer (2007) empfehlen für diesen Prozess die Methodik der systemischen Fragen. Die Methode der systemischen Fragen bezweckt, dass die befragte Person dazu angeregt wird, eigene Ideen zu entwickeln (von Schlippe & Schweitzer, 2007, S. 137). Entsprechend Schubert und Kollegium (2019) werden hiermit keine Dinge, Eigenschaften oder Ereignisse in den Mittelpunkt gestellt, sondern die eigenen Überzeugungen. Das Verhalten der anderen Systemmitglieder wird für alle besser verstehbar und es erfolgt eine gegenseitige Akzeptanz für das jeweilige subjektive Bedürfnis. Im Rahmen der systemischen Fragen gibt es verschiedenste Varianten, wie der Beratende und die Ratsuchenden untereinander die Fragen stellen können. Mithilfe der lösungsorientierten Frage werden z. B. Ausnahmesituationen betrachtet. Mit Differenzierungsfragen können die Klienten aufgefordert werden, die verschiedenen Ansichten eines jeden Individuums im System zu erfassen und entsprechend verstehen zu lernen. Ein weiterer Fragentyp ist die Frage nach dem Nutzen eines Problems. Diese Fragen zielen darauf, herauszufinden, warum ein Problem noch in dem System besteht (Schubert et al., 2019, S. 105–106).

Das Reframing oder die Umformulierung ist eine weitere Methode, um die Verstehbarkeit positiv zu beeinflussen. Hierbei wird nach Kutz (2020) durch sprachliche Umdeutung eine neue Wirklichkeit und damit Lösungen zu vorhanden Problemen geschaffen. In diesem Fall wird auch von problemauflösender Konstruktion gesprochen. In der nachfolgenden Tabelle sind einige Beispiele aufgeführt, wie eine wörtliche Umdeutung gestaltet werden kann. Das Ziel des Reframing ist, dass der Klient neue Betrachtungsweisen einnimmt und alte Verhaltensmuster aufbricht. Durch den Perspektivwechsel innerhalb des Systems können unerwartet Ereignisse an Schrecken verlieren (Kutz, 2020, S. 34–35). Abschließend lässt sich sagen, dass sich das Reframing sehr gut eignet, um dem Klienten seine inneren Stimuli aufzuzeigen.

Linear-kausal	Systemisch
„Warum …? …?“	„Aus welchem guten Grund …?“ / „Wofür …?“
„Aber …“ … „Es ist so …“	„Möglicherweise …“ … „Es könnte sein …“
„müssen“; „sollen“	Konjunktive: „könnte“; „würde“; „dürfte“
„ich kann (das) nicht“	„Ich habe es bisher noch nicht probiert“
„Das geht nicht, weil …“	„Mal angenommen + Konjunktiv …“
Fokus auf Symptome legen	Fokus auf Ressourcen lenken
Rückwärtsgewandt	Zukunftsorientiert
„Ich will das nicht (mehr)“	„Ich entscheide mich für …“

Tabelle 1:   Systemisches Reframing

(Quelle: Eigene Darstellung in Anlehnung an Kutz, 2020, S. 34)

Die Handhabbarkeit setzt sich aus der Wahrnehmung der internen und externen Ressourcen zusammen (Antonovsky, 1997, S. 35). Die Handhabbarkeit kann, wie die anderen beiden Komponenten des SOC, ebenfalls mit mehreren Methoden des systemischen Ansatzes positiv beeinflusst werden. Um zum Beispiel externe Ressourcen des oder der Ratsuchenden aufzuzeigen, eigenen sich die Methoden Genogramm und Familienskulptur. Hartung und Spitta (2020) beschreiben, dass Familiensysteme immer sehr komplex sind und für die Darstellung dieser ein Genogramm besonders geeignet erscheint, da es sich über mehrere Generationen erstreckt. Mithilfe des Genogramms können nicht nur Fakten zugeordnet werden, sondern auch Zusammenhänge sichtbar gemacht werden. Der Vorteil des Genogramms ist, dass es jederzeit geändert werden kann, wenn sich Beziehungen oder auch die Erinnerung durch andere Fragen verschiebt. Das Genogramm kann durch seine Symbole gut das System und deren bisherigen positiven Effekte in Form von Ressourcen auf verschiedenen Ebenen darstellen (Hartung & Spitta, 2020, S. 60–61). Entsprechend von Sydow und Kollegium (2007) werden mit dem Genogramm Einstellungen, Haltungen, Verhaltens- und Problemlösemuster innerhalb der mindestens letzten drei Generationen dargestellt (S. 23). Für die Stärkung der Handhabbarkeit ist es besonders wichtig herauszuarbeiten, wo das System oder Teile des Systems besondere Unterstützung erfahren haben.

Es wurde bereits erwähnt, dass zu Beginn der systemischen Beratung mit dem Verfahren des Joining die Bedeutsamkeit gestärkt werden kann. Während des Beratungsprozesses kann die Bedeutsamkeit jedoch auch durch narrative Methoden weiterhin verstärkt werden. Die narrativen Ansätze gehen entsprechend Schubert und Kollegium (2019) davon aus, dass eine Person durch Selbsterzählungen ihre inneren Ressourcen beeinflussen kann. Die Aufgabe des Ratsuchenden besteht bei den narrativen Ansätzen darin, die eigenen Erfahrungen weniger problemorientiert wiederzugeben und diese quasi umzuschreiben. Hierdurch wird erzielt, dass der Klient eine positive Identitätsentwicklung erlebt (Schubert et al., 2019, S. 107).

Zusammenfassend lässt sich feststellen, dass das Kohärenzgefühl mit seinen drei Komponenten Verstehbarkeit, Handhabbarkeit und Bedeutsamkeit sehr gut durch die Methoden des systemischen Beratungsansatzes beeinflusst, werden können. Es kann davon ausgegangen werden, dass ein Ratsuchender bereits eine gewisse Grundmotivation mitbringt, die die Voraussetzung für eine positive Veränderung des Kohärenzgefühls ist und mit dieser weiter gearbeitet werden kann.

3 Aufgabe A3

Kommunikation ist in der Beratung essenziell. Jedoch wird Kommunikation meistens erst bewusst, wenn sie nicht mehr reibungslos abläuft (Matolycz, 2009, S. 8). Um Kommunikation zu erklären, wurde von Friedemann Schulz von Thun das Kommunikationsquadrat und darauf aufbauend acht Kommunikations- und Interaktionsstile entwickelt (Schulz von Thun, 2019, S. 65). Im Nachfolgenden wird ein Kommunikationsstil von Schulz von Thun ausgewählt und näher erläutert. Anschließend wird anhand eines selbstkonstruierten Fallbeispiels erläutert, wie dieser Kommunikationsstil bei einem Klienten oder einer Klientin in der Beratungspraxis anhand von nonverbalen Signalen erkannt werden kann und wie entsprechend reagiert werden kann.

Unter nonverbalen Signalen oder nonverbaler Kommunikation wird entsprechend Ellgring (2018) ein Informationsaustausch verstanden, der keine sprachlichen Mittel verwendet. Ellgring beschreibt als Mittel der nonverbalen Kommunikation u. a. stimmliche Merkmale, die Mimik, das Blickverhalten, die Gestik, die Körperhaltung und Körperbewegungen, aber ebenso räumliche Aspekte, zu denen Körperkontakt, Nähe und Distanz sowie die Sitzposition zählen. Weiterhin können auch Sinneseindrücke wie ein Geruch oder Geschmack und ein haptisches Gefühl als nonverbale Signale verstanden werden (Ellgring, 2018, S. 1185).

3.1 Der sich distanzierende Stil

Schulz von Thun (2019) hat im Laufe seiner Karriere und im Rahmen von Kommunikationsschulungen immer wieder festgestellt, dass nicht alle Menschen während einer Kommunikation identisch reagieren. Aus diesen Erkenntnissen hat Schulz von Thun acht Kommunikations- und Interaktionsstile entwickelt, die in der nachfolgenden Abbildung dargestellt sind (S. 14-17).

| Bedürftig-abhängiger Stil | Helfender Stil | Selbst-loser Stil | Aggressiv-entwertender Stil |

| Sich beweisen-der Stil | Bestimmend-kontrollierender Stil | Sich distanzie-render Stil | Mitteilungs-freudig-dramati-sierender Stil |

Abbildung 1: Kommunikations- und Interaktionsstile nach Schulz von Thun
(Quelle: Schulz von Thun, 2019, S. 16)

Übergreifend lassen sich entsprechend Schulz von Thun (2019) die Kommunikations- und Interaktionsstile als die eine bestimmte Art und Weise beschreiben, wie eine Person mit anderen Menschen in Kontakt tritt. Hierbei muss jedoch hervorgehoben werden, dass jeder Kommunikationsstil in jeden Menschen vorhanden ist, jedoch abhängig vom Gegenüber und/oder der Situation unterschiedlich stark ausgeprägt ist. Weiterhin schreibt Schulz von Thun, dass mit jedem Stil bestimmte innere Verfassungen („Ich-Zustände") verbunden sind, die ein Mix aus Bedürfnissen, Gefühlen, Stimmungen und Absichten darstellen (S. 15, 65).

Schulz von Thun (2019) beschreibt den „sich distanzierenden Stil" als einen durchgehend direkt oder indirekt gegebenen Appell, der besagt: „Komm mir nicht zu nahe, halte Distanz!". Dieser Appell wird sprachlich dadurch verdeutlicht, dass die Person eine sehr distanzierte Sprache gegenüber anderen Menschen und sich selbst hat. Dies wird betont durch häufige Substantivierung, Generalisierung, Abstraktionen und eine Vermeidung von Ich-Botschaften. Damit Mitmenschen dieser Person nicht zu nahekommen, werden

17

ebenso Grenzen innerhalb des eigenen Hoheitsgebiets auferlegt. Dies ist im beruflichen Umfeld insbesondere ersichtlich, in dem die Person Schreib- und Konferenztische für Besprechungen bevorzugt, aber auch sperrige Vorzimmer und einen Schriftverkehr statt persönlichen Kontaktes. Außerdem wirken diese Grenzen wie eine unsichtbare Wand, die das Gegenüber zusätzlich auf sicheren Abstand halten soll. Dieser Abstand wird jedoch nicht nur räumlich gewahrt, sondern auch körperlich. Bemerkenswert ist, dass Personen mit einem sich distanzierenden Stil eine Scheu, wenn nicht sogar Abscheu vor körperlichen Kontakten empfinden und sich schwer tun Beziehungen einzugehen. Dies zeigt sich unter anderem darin, dass die Person bei aufkommender Sympathie gegenüber anderen Personen ihren Kommunikations- und Interaktionsstil auf allen vier Ebenen (Sachebene, Selbstoffenbarung, Beziehungseben und Appell) noch verstärken. Der Grund hierfür könnte entsprechend Schulz von Thun darin liegen, dass die Person eine große Angst für Abhängigkeit verspürt und sich so selbst als unnahbar erscheinen lässt. Auf der anderen Seite befähigt dies die Person dazu für sich allein zu sorgen und niemanden etwas schuldig zu sein oder zu Dank verpflichtet zu sein. Demgegenüber argumentiert Schulz von Thun außerdem, dass dieses Verhalten durch eine tiefe Verletzlichkeit und schutzbedürftige Gefühlswelt hervorgerufen wird. Dieses Verhalten hat zudem als Folge, dass das Umfeld diese Person als arrogant und abweisend wahrnimmt (Schulz von Thun, 2019, S. 226–227, 229, 234).

Zusammenfassend lässt sich festhalten, dass der sich distanzierende Stil folgende Grundbotschaften kommuniziert (Schulz von Thun, 2019, S. 227, 230):

- Starke Ausprägung auf der Sachebene („Es zählen die Fakten."),
- Schwache Ausprägung auf der Ebene der Selbstkundgabe („Was in mir vorgeht, tut nichts zur Sache – außerdem geht nichts in mir vor!"),
- Schwache Ausprägung auf der Beziehungseben („Du bist viel zu anhänglich und zu emotional!") und
- Starke Ausprägung des Appells („Komm mir nicht zu nahe!").

3.2 Nonverbale Signale des sich distanzierenden Kommunikations- und Interaktionsstil und mögliche Reaktionen einer beratenden Fachkraft

Im vorherigen Abschnitt wurde bereits darauf eingegangen, wie der sich distanzierende Kommunikations- und Interaktionsstil entsprechend Schulz von Thun (2019) verhält. In diesem Abschnitt erfolgt eine Darstellung verschiedener nonverbaler Signale dieses Kommunikationsstils anhand eines Fallbeispiels. Ergänzend hierzu wird erläutert, wie die Autorin in dieser Beratungssituation mit der nonverbalen Kommunikation umgehen würde.

Frau D. besucht eine Ernährungsberatung, da sie gerne ihre Ernährung auf eine gesunde und ausgewogene Ernährung umstellen möchte. Die Gründe hierfür liegen in einer Gewichtsabnahme und der Verbesserung der Lebensqualität. Bereits beim ersten Telefonat hat sich Frau D. sehr distanziert gezeigt und gefragt, ob die Vertragsabstimmung per E-Mail erfolgen kann und ob die Möglichkeit besteht, die Stunden per Video-Call zu absolvieren. Da die Ernährungsberaterin beide Fragen verneinte, wurde ein erstes einstündiges Beratungsgespräch in der Praxis von Frau H. vereinbart. Dieses Gespräch finde heute statt.

Bereits aus dem ersten Telefonat kann die Beraterin schließen, dass es sich bei Frau. D. eventuell um einen sich distanzierenden Kommunikationsstil handelt. Dies ist darauf zurückzuführen, dass gefragt wurde, ob die Vertragsabstimmungen per E-Mail erfolgen können und ob die Beratungsstunden per Video-Call erfolgen könnten.Hhierdurch versucht die Klientin einen großen Raum und entsprechend Abstand zwischen sich und der Beraterin zu schaffen (Schulz von Thun, 2019, S. 227).

Frau D. erscheint pünktlich zum Termin. Als Frau H. die Tür öffnet, findet sie eine neutral dreinblickende Frau D. vor, deren Gewicht auf den Fersen lagert. Außerdem steht Frau D. gut 1,5 m von der Tür entfernt. Durch die Corona-Maßnahmen gibt es keinen Handschlag, sondern Frau H. bittet Frau D. freundlich die Praxis zu betreten.

Entsprechend Bernhardt (2019) deutet eine stehende Haltung, in der das Gewicht auf den Fersen lastet, auf eine Person hin, die eher reserviert ist, weniger Risiken eingeht und eher dazu neigt, sich zurückzuziehen (S. 151). Bei einer Entfernung von ca. 200 cm wird außerdem ein großer Abstand zwischen den Klienten und den Beratenden gebracht, wodurch bereits zu Beginn eine gewisse Distanz geschaffen wird (Baller & Schaller, 2017, S. 34). Die Beraterin kann in diesem Fall mit einem herzlichen Lächeln und einer einladenden Geste auf die Klientin zugehen und somit den Abstand etwas verringern und der Klientin Sympathie und Vertrauen entgegenbringen.

Frau H. bittet Frau D. durch eine offene Körperhaltung und eine freundliche Gestik in die Praxis einzutreten und Platz zu nehmen. Frau D. tritt ein und steht danach unbeholfen im Raum und weiß nicht so recht, wo sie sich hinsetzen soll. Im Raum befindet sich ein kleiner runder Tisch mit 2 Stühlen. Nach dem Frau H. mit einer freundlichen Geste auf einen Platz für Frau D. gewiesen hat, setzt diese sich auf den zugewiesenen Platz, rückt aber den Stuhl vom Tisch weg. Weiterhin ist zu beobachten, dass Frau D. sich auf den Stuhl nach ganz hinten gesetzt hat und die Beine überkreuzt und die Arme verschränkt.

Der unsichere Stand im Raum deutet darauf hin, dass Frau D. sich mit dem gegebenen Abstand zwischen sich und der Beraterin sehr unwohl fühlt. Dieses Signal wird verdeutlicht, in dem mit dem Zurückrücken des Stuhles eine für die Klientin annehmbare Distanz geschaffen wird. Außerdem deutet die Körpersprache auf eine weitere Distanzierung hin (Baller & Schaller, 2017, S. 33). Um eine Beziehung zu der Klientin aufzubauen, wird weiterhin eine offene und freundliche nonverbale Kommunikation durch die Beraterin empfohlen.

Im Gespräch beantwortet Frau D. Fragen nur kurz und knapp. Des Weiteren macht sie keine Aussagen über sich selbst, sondern redet nur in der „Man-Form". Beim Sprechen fällt auf, dass sie sehr laut redet und ohne Emotionen in der Stimme. Außerdem wendet Frau D. sofort den Blick ab, wenn ihr eine Frage gestellt wird.

Laut Baller und Schaller (2017) ist die Tonlage ein wichtiger Indikator der nonverbalen Kommunikation. Eine laute, emotionslose Sprache deutet darauf hin, dass das Gegenüber auf körperlicher und emotionaler Distanz gehalten werden soll (S. 32). Für die Beraterin empfiehlt sich an dieser Stelle ein Strategiewechsel weg vom helfenden Stil hin zum mitteilungsfreudig-dramatisierenden Stil. Mit diesem Stil kann die Aufmerksamkeit erst mal von der Klientin weggeführt werden und so indirekt Erfahrungen und Probleme der Klientin herausgefunden werden. Wenn der sich distanzierende Stil in den kommenden Beratungsstunden weiterhin besteht, ist der Beraterin zu empfehlen, das Verhalten zu spiegeln.

Literaturverzeichnis

Antonovsky, A. (1979). *Health, stress, and coping* (1.). San Francisco: Jossey-Bass Publishers.

Antonovsky, A. (1997). *Salutogenese: Zur Entmystifizierung der Gesundheit* (1.). Tübingen: dgvt-Verlag.

AOK Bundesverband. (o. J.). Compliance. Verfügbar unter: https://www.aok-bv.de/lexikon/c/index_00278.html

Baller, G. & Schaller, B. (2017). *Kommunikation im Krankenhaus: Erfolgreich kommunizieren mit Patienten, Arztkollegen und Klinikpersonal* (1.). Berlin; Heidelberg: Springer-Verlag. https://doi.org/10.1007/978-3-642-55326-4

Bergius, R. (2018). System, soziales. In M.A. Wirtz (Hrsg.), *Dorsch - Lexikon der Psychologie* (18., S. 1663). Bern: Hogrefe.

Bernhardt, C. (2019). *Nonverbale Kommunikation im Recruiting: Wie Sie passend Bewerber erkennen und für Ihr Unternehmen gewinnen* (1.). Wiesbaden: Springer Fachmedien. https://doi.org/10.1007/978-3-658-25276-2

Bruchhausen, W. & Psychrembel Redaktion. (2018). Compliance. *Psychrembel online*. Verfügbar unter: https://www.pschyrembel.de/Compliance%20%5BMedizin%5D/N00LK/doc/

Culley, S. (2002). *Beratung als Prozeß. Lehrbuch kommunikativer Fertigkeiten* (1.). Weinheim: Beltz.

De las Cuevas, C. (2011). Toward a Clarification of Terminology in Medicine Taking Behavior: Compliance, Adherence and Concordance are Related Although Different Terms with Different Uses. *Current Clinical Pharmacology*, 6(2), 74–77. https://doi.org/10.2174/157488411796151110

Dörner, D. (2018). System. In M.A. Wirtz (Hrsg.), *Dorsch - Lexikon der Psychologie* (18., S. 1663). Bern: Hogrefe.

Ellebracht, H., Lenz, G., Geiseler, L. & Osterhold, G. (2018). *Systemische Organisations- und Unternehmensberatung: Praxishandbuch für Berater und Führungskräfte* (5.). Wiesbaden: Springer Fachmedien. https://doi.org/10.1007/978-3-658-21476-0

Ellgring, J. H. (2018). nicht verbale Kommunikation, nonverbale Kommunikation. In M.A. Wirtz (Hrsg.), *Dorsch - Lexikon der Psychologie* (18., S. 1185). Bern: Hogrefe.

Engel, R. (2020). *Gesundheitsberatung in der Gesundheits- und Krankenpflege: Einführende Elemente, Methoden und Beispiele* (2.). Wien: facultas.

Hartung, S. & Spitta, W. (2020). *Lehrbuch der Systemaufstellungen: Grundlagen, Methoden, Anwendung* (1.). Berlin: Springer-Verlag. https://doi.org/10.1007/978-3-662-61192-0

Kutz, A. (2020). *Systemische Haltung in Beratung und Coaching: Wie lösungs- und ressourcenorientierte Arbeit gelingt* (1.). Wiesbaden: Springer Fachmedien. https://doi.org/10.1007/978-3-658-29686-5

Matolycz, E. (2009). *Kommunikation in der Pflege* (1.). Wien; New York: Springer-Verlag.

Mühlig, S. (2018). Compliance. In M.A. Wirtz (Hrsg.), *Dorsch - Lexikon der Psychologie* (18., S. 350–351). Bern: Hogrefe.

Noyon, A. & Heidenreich, T. (2020). *Schwierige Situationen in Therapie und Beratung: 34 Probleme und Lösungsvorschläge* (3.). Weinheim; Basel: Beltz Verlag.

Petermann, F. (1998). Einführung in die Themenbereiche. In F. Petermann (Hrsg.), *Compliance und Selbstmanagement* (1., S. 9–17). Göttingen; Bern; Toronto; Seattle: Hogrefe.

Retzlaff, R. (2014). *Familien-Stärken: Behinderung, Resilienz und systemische Therapie* (3.). Stuttgart: Klett-Cotta.

Schäfer, C. (2017). *Patientencompliance: Adhärenz als Schlüssel für den Therapieerfolg im Versorgungsalltag* (2.). Wiesbaden: Springer Gabler. https://doi.org/10.1007/978-3-658-13003-9

von Schlippe, A. & Schweitzer, J. (2007). *Lehrbuch der systemischen Therapie und Beratung* (10. Auflage). Göttingen: Vandenhoeck & Ruprecht.

von Schlippe, A. & Schweitzer, J. (2019). *Systemische Interventionen* (4.). Göttingen: UTB.

Schubert, F.-C., Rohr, D. & Zwicker-Pelzer, R. (2019). *Beratung: Grundlagen - Konzepte - Anwendungsfelder* (1.). Wiesbaden: Springer Fachmedien. https://doi.org/10.1007/978-

Schulz von Thun, F. (2019). *Miteinander reden: 2 Stile, Werte und Persönlichkeitsentwicklung - Differenzielle Psychologie der Kommunikation* (38.). Reinbek bei Hamburg: Rowohlt Taschenbuch Verlag.

Schwing, R. & Fryszer, A. (2016). *Systemische Beratung und Familientherapie: Kurz, bündig, alltagstauglich* (5.). Göttingen: Vandenhoeck & Ruprecht.

Schwing, R. & Fryszer, A. (2018). *Systemisches Handwerk: Werkzeug für die Praxis* (1.). Göttingen: Vandenhoeck & Ruprecht.

Sonnenmoser, M. (2005). Fehlende Compliance: Patienten, die dem Arzt etwas vorgaukeln. *Deutsches Ärzteblatt, 102*(10), A704.

von Sydow, K., Beher, S., Retzlaff, R. & Schweitzer, J. (2007). *Die Wirksamkeit der systemischen Therapie/Familientherapie* (1.). Göttingen, Bern, Wien, Toronto, Seattle, Oxford, Prag: Hogrefe.

World Health Organization [WHO]. (2003). *Adherence to long-term therapies: evidence for action / [edited by Eduardo Sabaté]*. Genf: World Health Organization. Verfügbar unter: https://apps.who.int/iris/handle/10665/42682

BEI GRIN MACHT SICH IHR WISSEN BEZAHLT

- Wir veröffentlichen Ihre Hausarbeit,
  Bachelor- und Masterarbeit

- Ihr eigenes eBook und Buch -
  weltweit in allen wichtigen Shops

- Verdienen Sie an jedem Verkauf

Jetzt bei www.GRIN.com hochladen und kostenlos publizieren